Ye 25664

LA CAPILOTADE,

POËME,

OU TOUT CE QU'ON VOUDRA,

77me ÉDITION,

Revûe, corrigée & augmentée de deux syllabes & de trois notes prises sous l'Arbre de Cracovie.

Par MOMUS.

À FONTENOY.

―――――――――
M. DCC. XLV.

DISCOURS PRE'LIMINAIRE.

Cette Piéce fut composée dans les Thuileries au premier moment que l'on apprit la Victoire qui en fait le Sujet.

A mesure que les Editions ont rendu, nous y avons ajoûté quelque chose, mais peu, pour ne pas nous ôter les moyens d'en donner de nouvelles.

Il ne nous a pas été possible en si peu de tems & de Vers de faire une relation aussi exacte que nous l'aurions souhaité, heureusement il en a paru plusieurs en prose. Quelque soin que nous ayons pris d'enrichir le Poëme d'un grand nombre de noms, peut-être y en desireroit-on davantage, mais nous satisferons la curiosité du Public, sitôt que nous aurons les listes que nous avons demandées aux Etats-Majors. Quand nous aurons reçû cette nouvelle recruë de noms, nous laisserons bien loin derriere le grand Despreaux qui n'en a mis qu'une vingtaine dans son passage du Rhin.

Nous nous sommes pressés de donner au Public ces fruits de notre zele plûtôt que de notre imagination, dans la crainte qu'un retardement de quelques jours ne nous fist accuser d'indifférence pour le succès des Armes du Roy.

Nous sacrifions volontiers la reputation de bon Poëte à celle de bon Citoyen, nous croyons avoir suffisamment prouvé, quoique tout le monde ne soit pas de notre avis, que ces deux qualités sont absolument incompatibles.

Quant à la fiction, nous nous garderons bien d'inventer aucune regle à son sujet, on pourroit nous accuser de les avoir moins établies pour servir de préservatif aux autres, contre des défauts imaginaires, que pour être le palliatif des nôtres.

Et puis, n'y a-t'il pas des verités si généralement reconnues, qu'il est inutile de les repeter ? La belle difficulté, d'orner la verité des graces de la fiction, & communiquer à la fiction la force de la verité, par des fables ingénieusement inventées ou rajeunies avec art ? Est-il quelqu'un qui ne sçache qu'il est cent fois plus difficile de tenter même sans y réussir, de caractériser des corps dont les noms sont également terribles aux Muses & aux Ennemis ?
Tenter est d'un Heros, réussir est d'un Dieu.

Cette nouvelle Edition a été redigée en trois minutes: Ainsi qu'on ne s'étonne point des disparates & des fautes de Grammaire qu'on y a laissées. On nous les pardonnera en faveur du feu & des traits d'imagination, qu'un long souper & le vin de Champagne y ont répandus. C'est là notre Hypocrene ; c'est dans cette source féconde que nous avons enfin puisé des fictions capables d'anoblir notre ouvrage, & de lui faire accorder le titre de Poëme.

Au reste nous n'avons pas plus l'intention dans cette nouvelle Edition que dans les autres, de degrader des faits & des noms respectables. Nous demandons la même indulgence que par le passé. Nous admirons sincérement avec toute la France, les Heros & les actions qu'on a voulu célébrer, & rendons justice au zéle de ceux qui s'y sont efforcés.

Nous ne serions pas fâchés, pour mettre notre Muse à couvert, d'unir ses intérêts avec le glaive du Roy & le bonheur de la Patrie, mais la critique judicieuse & clairvoyante, sçauroit fort bien les en séparer.

LA CAPILOTADE,

POËME A LA MODE.

Quoi! nous sommes Vainqueurs, quoi! le bruyant François,
Chantant jusqu'aux revers tait encor ses succès ;
Boileau chantoit si bien n'étant que Satyrique,
Ah! quand verrons-nous donc notre Poëte épique,
Dans *des Plaines de sang* à tort & à travers
S'élancer vers la Mort, qu'il brave dans ses Vers.
Peut-on garder deux jours ce trop honteux silence,
Mais que fait ce Chanteur la gloire de la France ?
Qui ? L'Historiographe, il ne dort pas ma foi,
Et reconnoît bien mieux les faveurs de son Roi.
Sa Muse décrépite aujourd'hui s'est fardée ;
A courir par le monde elle s'est hazardée.
   D'un air précipité,
   Montrant la rareté,
   Pour que chacun admire,
   La curiosité
   Avec la nouveauté
   Qui vous fera bien rire,

Où rien n'est inventé
Qu'un peu de fausseté,
Fille d'un beau délire,
Où l'encens éventé,
Et l'esprit emprunté,
S'efforcent de vous dire :

Messieurs volez, courez, marchez à Fontenoy,
Vous aurez du plaisir, je vais montrer pourquoi.
 Voyez premierement le Maréchal de Saxe,
Voyez-le raffermir sa grande ame en son axe,
Il rappelle pour vous ses jours prêts à finir;
Ma foi s'il n'est François il doit le devenir.
Ça Madame la Mort, vous pouvez bien attendre,
Et pour un si beau jour le prêter ou le rendre.
Mais qui diable est là-bas ce Monseigneur qui court?
C'est le Grand Factotum, il s'appelle d'Harcourt.
Noailles pour son Prince & craintif & fidéle,
Ne se plaît point du tout à le voir en querelle.

Baviere, Pons, Boufflers, Luxembourg & Danoy,
Chabannes & Davray, du Chailat sans effroi,
Chevrier & Brancas, Monaco, d'Aubeterre,
Turenne, Longonnay, ce grand foudre de Guerre,
Soubise, Pecquigny, du Chailat & Croissi,
Biron, Meuse, Dayen qu'on voit courir aussi,
Chabriant, Duguesclin, d'Aumont, Duras,
Chevreuse,

Et Crillon qui n'est pas d'une Race peureuse,
Grammont, Choiseuil, d'Ache, d'Argenson & Craon,
D'Estrée & vous aussi jeune Castelmoron,
Montmorency, Guerchi, le brave Gallerande,
Lavauguyon, au feu vont tous comme à l'offrande;
De même que Lutteaux & le fier Beranger ;
Ainsi pour faire court j'ai voulu les ranger,
Car ma foi tous ces noms m'ont embrouillé la tête ;
Je voudrois à chacun donner son Epithete ;
Tels, de n'en point avoir pourroient se gendarmer,
Qu'ils sçachent que j'en mets seulement pour rimer.
Tous veulent que la foudre & le jour les éclairent,
Quand un Vers est ronflant qu'importe la Grammaire ?

Puisque l'on veut ici voir de la fiction,
Je m'en vais en fourer dans cette Edition.
Ah! voilà que déja tous les Dieux des Montagnes,
Des Bois & des Marais inondent les Campagnes,
Au lieu de se cacher ils sortent de leurs trous,
Sans doute que de peur ils sont devenus fous.
Voyez-vous pas là-haut Madame la Fortune
Qui n'étant bonne à rien fait un trou dans la Lune.
Mais j'ai grand'peur aussi, car voilà Cumberland,
Fier d'attaquer LOUIS il en est plus fondant.

A iiij

Tous ceux qui d'Ilion ont détruit les murailles,
Auprès de ces Guerriers n'étoient que des Canailles.
Semblable à notre Roi tel étoit Scipion,
Lorsqu'au fier Annibal il damoit le pion.
Pour éprouver LOUIS mettons tout pêle-mêle,
Que l'Escaut, l'Ennemi, les Remparts tout s'en mêle,
Ce Héros s'en bat l'œil ; déja d'un ton brutal,
Cent Tonneres de bronze ont donné le signal,
Le métal en est bon, nous les verrons en France,
De force sous-marqués grossir notre Finance.
Ainsi que des vapeurs, foibles jouets des vents,
La solide Colomne avance vers nos rangs.
Arrivez donc, pendarts, ennemis de mon Maître,
Plus farouches que nous & moins vaillans, peut-être.
Pourquoi dire peut être ? En prenant ce parti,
On ne risque jamais d'avoir un démenti.

  Voyez cette Carcasse avec sa faulx tranchante,
Frappant comme un vieux sourd tout ce qui se présente.
    Têtes, Jambes, Cuisses & Bras,
    O Ciel l'horrible fricassée !
    Tout tombe sous son coutelas,
    Le fier Grammont dans l'Elisée
    S'en va marri de son trépas,
    C'est parce qu'avant la mêlée
    Dès l'abord étant mis à bas ;
    Ainsi qu'un autre il ne sçait pas

   La Victoire de son bon Maître.
   Bientôt il l'apprendra peut-être,
   Ma Gazette court après lui,
   Mais gare le fleuve d'oubli.
Vous sceptre des Guerriers. Vous Pancarte superbe,
La mort se rit de vous & vous moissonne en herbe.
(Pour pouvoir débiter ce vers noble & moral,
De mon autorité je le fais Maréchal)
Puisque de fiction l'on est insatiable,
Peut-on pas par le faux suppléer à la Fable ?

  Tels que cent étourneaux que sur un Champ
   de mil,
Abat un Païsan d'un grand coup de fusil ;
Tombent mille Guerriers, mais Brancas les ralie,
Qu'ils vont bien aux Anglois *faire payer leur vie*,
Dieu de sang, cruel Mars, sous ton bras pour-
  fendant,
Mes plus chers amis même ont mordu la poussiere,
   Je te pardonne cependant
    Puisqu'à ta fureur meurtriere,
De notre bon Colbert qui payoit le talant,
   Echappe un heureux descendant.
Laissons mourir en paix Lutteaux de sa blessure,
Sans aller à ses maux ajouter *la torture*,
Et sans pousser au Ciel des *cris mal entendus*,
 Que la *tombe* gourmande a grugé *de vertus* ;
Ce Héros dont les coups réduisent tout en poudre ;

Assis sur un Tonnerre est frapé de la foudre,
De la sienne ? non pas, l'Anglois la lance aussi.
Bon, car ce fait obscur vouloit être éclairci.
Filles de l'Opéra, Grisettes & Duchesses,
Que de jolis mignons ravis à vos caresses,
Ils meurent, le Robin vous offre avec ses vœux
Des présens que l'Anglois auroit coupés sans eux.
Mérope a bien prouvé que j'avois le cœur tendre,
Donnons encor le ton * en pleurant sur leur cendre,
Quel homme assez jaloux, assez privé de sens,
Pourroit leur envier jusques à *mon encens ?*

J'ai beau crier, pleurer, ma muse languissante,
Rendroit-elle pour vous la chose moins touchante ?
Quoi l'on dort à mes chants ! ingrats, reveillez-
 vous,
Et frottez bien vos yeux pour voir de plus grands
 coups.

Regardez par ici l'Anglois qui s'insinuë,
Sans la Maison du Roy la Bataille est perduë.
Partez fleches de feux, (ce sont les Grenadiers)
Paroissez, vieux Soldats, jeunes Carabiniers,
J'aime mieux vous nommer que de vous mal dé-
 crire,
Je m'en applaudirois, on n'en feroit que rire ;
Lancer *de loin la mort que de près vous bravez*,
N'exprime point du tout vos gros fusils rayez,
Un bon Milicien quand il garde son poste

* Personne n'a plus pleuré à la représentation de cette
Piéce que son Auteur.

Lance de loin la mort & de près lui riposte,
Phalanges à Cheval, écrasez sous vos coups,
Ces gens qui sont pourtant presque aussi forts que
    vous,
Voyez-vous dans ce coin la Victoire cachée,
Ah, s'ils l'appercevoient ! mais qui l'a dénichée ?
Ce n'est pas ces gens-là, le Galant Richelieu
Qui connoit tous les coins & furette en tout lieu,
Sent de loin une Dame, & sçait bien la séduire.
Il a bon nez, suivez-le, il sçaura vous conduire,
Je ne dis pas pourtant qu'*il n'est plus de hazards*,
Quand je le fais paroître entre Minerve & Mars,
Heureusement pour lui sa valeur est connuë,
Et décide le sens de l'emphase ambiguë.
   D'un Rempart de gazon .... ici si je voulois
A l'abri de vingt noms respectés des François,
Que de Vers en dépit du bons sens qui me gene,
Pourroient impunément s'échaper à ma veine.
Mais quoi ces courtisans que l'on voit à Paris,
Ne suivant que l'amour, les plaisirs & les ris.

Voulant plaire	Téméraires
Se frisants,	Conquerants
En commere,	De Bergeres,
Minaudants,	S'occupants,
Sans rien faire,	De misteres,
Tracassants,	D'un Ruban
Le parterre.	De chimeres
Offensants	A l'instant,

Braves comme César ont changé de maniere,
Prenant de leurs ayeux l'ardeur noble & Guerriere.
   C'est ici qu'il me faut une comparaison;
Allons, dans de grands mots, égarons ma raison,
Jupiter, les Titans, la Foudre, le Tonnerre
Sous les coups d'un Guerrier faisons mugir la terre.
Que l'Escaut fasse Gille, & de bien loin d'ici
Que le fier Océan vienne gronder aussi;
Oüi, pour enfler mes Vers que ses flots m'obéissent,
J'allois dire, mais mal, que les Cieux s'obscurcissent,
L'aspect d'un Roi chéri des hommes & des Dieux,
Doit-il faire l'effet d'un monstre furieux ?
Quoique de fiction je devienne fort chiche,
Ici je veux encor en mettre une postiche.
Que *des Antres du Nord les Vainqueurs des Valois*
Viennent sur un nuage en soufflant dans leurs doigts.
Courage, mes amis, vous Anglois & Bataves
La frayeur à vos bras a donc mis des entraves;
Avancez, *revenez*, craignez-vous des bienfaits ?
Il faut vaincre ou mourir, sinon gare *la Paix*,
Car on daigne l'aimer.... leur gothique Eloquence,
De cette amphigouri l'obscure extravagance,
Ne rend point le courage à l'Anglois abattu,
Et la férocité le cède à la vertu.
Je parle du Soldat, ah Messieurs je m'excuse !
Je sens combien vous doit & ma bourse & ma
    Muse,

Et pour rien ne voudrois offenser des esprits,
Qui peuvent reclamer leurs biens dans mes écrits.
Clare en vous attaquant plein d'une ardeur
extrême,
Prend cette occasion de se venger lui-même.
Ce que c'est que l'exemple ! Ah mes chers Irlan-
dois !
Vous valez en ce jour un bataillon François.
Pardon, si quand la rime ou la verve m'entraine,
Me livrant tout d'abord à sa fouge incertaine,
Dans mes vers trop hâtés, je puis blesser quel-
qu'un;
Nous sommes affranchis des loix du sens commun.
Pour caractériser certain corps intrépide,
Suposons que jadis un *Dragon fut son guide*.
De pied ferme en courant, mais non, je le peins
mal,
L'on court & l'on attend à pied comme à Cheval.
Une comparaison va me tirer de peine,
C'est ainsi que l'on voit sur les bords de la Seine,
Différemment armés, Cavaliers & Piétons
Pour calmer quelque bruit courir par pelotons,
Vers le lieu du tapage une troupe s'avance,
L'autre en un Carefour s'embusque en grand
silence,
On frappe, on se chamaille & les crocs effrayez,
Enfilent la venelle assez bien étrillez,
Tels ces égrillars-ci, mais *plus vaillants* sans doute,

Des Anglois bien frottés achevent la déroute.
En frappant deſſus eux, notre ancien compagnon,
L'heureux Suiſſe n'entend ni rime ni raiſon.
L'un ſur l'autre on ſe pouſſe, on coupe, on tranche, on taille,
C'eſt tout un, dira-t-on, oüi, mais quand on rimaille
Il faut bien des grands mots, & c'eſt-là mon plus fort.
L'Anglois pour cette fois, *craint Louis & la Mort*,
Non pas qu'il en ait peur, par choix il la veut prendre,
Et peut-être aujourd'hui ſe réſerve à ſe pendre.
On le voit en tout point aimer la liberté;
Je penſe tout de même, hors l'article cité.
D'un très-vilain pendu je me crois l'encolure,
Car un chacun le dit en voyant ma figure,
Et ſi cette raiſon ne m'avoit retenu
Pour plaire à à ces Milords je me ſerois pendu;
Mais ma foi, c'eſt aſſez de ſang & de tapage,
Et LOUIS des Anglois arrête le carnage.
Ils ſeront fiers encore, ils n'ont cédé qu'à lui.
Meſſieurs, je ne ments point, je parle d'aujourd'hui.
Ce Vers a du clinquant, lui ſeul vaut un Poëme,
Qu'on ne chicanne point, c'eſt par lui que l'on m'aime.

Toujours fupérieurs aux Régles comme à l'Art,
Le fier clinquant s'éleve, & par fon noble écart,
Etonne la raifon, bien fouvent il l'entraîne,
Où brave impunément fa critique trop vaine.
Par le fuperbe aveu d'un illuftre défaut,
Je ferai mes adieux au Spectateur Badaut.
Fermons notre boutique attendant que l'Aurore
D'une autre Edition vous enrichiffe encore.
Finiffons comme l'autre avec un compliment;
J'en voudrois bien faire un, mais je ne fçais comment.
De parler à mon Roi, pourrai-je avoir l'audace,
N'étant avec Momus qu'au plus bas du Parnaffe.
GRAND ROI, tu fçais bien vaincre & moi fort mal compter,
De te louer ma Mufe en vain voudroit tenter.
Heureufe d'obtenir le plus leger fourire,
Elle ne rifque point de faire encor redire,
Que par un coup du fort chez ton peuple vanté,
LE PLUS CHE'RI DES ROIS EST LE PLUS MAL CHANTE'.

NOTA.

NOUS avions annoncé des Notes & même des Additions ; mais ayant appris par toutes les Lettres de l'Armée qu'il n'est rien de plus faux que nos Anecdotes, nous avons jugé à propos de les supprimer.

www.ingramcontent.com/pod-product-compliance
Lightning Source LLC
Chambersburg PA
CBHW071450060426
42450CB00009BA/2369